Petit Ou

aime so

Marie Aubinais • Danièle Bour • Céline Bour-Chollet

Bayard Jeunesse

Petit Ours Brun aime
son papa, le matin,
quand il dit doucement :
– Allez, debout, mon lapin !

Petit Ours Brun aime son papa quand il joue avec lui. Il répare toujours tout et il dit :

– Et voilà, ça roule !

Petit Ours Brun aime
son papa quand il le porte
sur ses pieds.
C'est comme s'ils dansaient
très lentement.

Petit Ours Brun aime
son papa quand il l'emmène
sur son vélo.
Il se sent bien à l'abri
derrière son dos.

Petit Ours Brun
aime son papa
quand il le regarde.
Il a toujours envie
qu'il lui dise :
– Bravo !

Petit Ours Brun aime
son papa quand il a mal
à la tête.
Il s'inquiète :
– Ça va, mon papa ?

Petit Ours Brun
aime son papa, le soir,
quand il lui raconte
une histoire.
C'est son papa chéri !

Célébrer son papa avec Petit Ours Brun !

Papa partage des activités avec son enfant.
Pour un enfant, c'est une grande joie de partager des jeux, histoires ou activités avec un parent, d'autant plus s'il sent que son parent est pleinement investi et disponible. Ces moments de complicité forgent des liens puissants.

Papa est fier de son enfant et inversement.
Pour un enfant, observer que son père éprouve à son égard de la fierté et de l'affection transforme le simple évènement en exploit. À cette occasion, l'amour que chacun porte à l'autre est renforcé.

Papa protège et rassure son enfant.
Quand l'enfant est triste, inquiet, il a besoin d'être consolé, rassuré par un adulte de confiance. Un enfant va chercher du réconfort auprès de ses parents. Un père qui console son enfant lui transmet que ce n'est pas réservé aux mamans de le faire.

Geneviève Djenati, psychologue clinicienne